АНДРЕЙ ГРИЦМАН   БОРИС ХЕРСОНСКИЙ

СВИТКИ
Библейские стихи

Иллюстрации: Сергей Голощапов

INTERPOEZIA

Библиотека журнала "ИНТЕРПОЭЗИЯ"
2016

Грицман А., Херсонский Б.
Свитки. Библейские стихи. – NUMINA PRESS,
Калифорния, 2016. 100 с. – (Библиотека журнала
«Интерпоэзия»).

ISBN: 978-0-9842600-7-2

Андрей Грицман

ДАЛЬНИЙ СВЕТ ИСТИНЫ

Эта книга составлена из стихотворений двух поэтов – Бориса Херсонского и автора этих строк. В течение многих лет мы писали стихи на темы Библии – еврей, принявший православие, и московский еврей-полукровка, выросший в ассимилированной семье, в зрелом возрасте прошедший гиюр, обратившийся в иудаизм и регулярно изучающий Тору (на английском языке).

Внимательный читатель может заметить не только поэтические различия у двух авторов (что очевидно и естественно), но, возможно, и разный подход к восприятию Священного Писания. Данные стихи ни в коей мере не являются пересказом Библии – скорее, это поэтическая интерпретация, стихи, написанные на темы Библии, отражение. Вероятно, религиозные убеждения авторов не имеют большого значения. В контексте этой книги важнее, как они пропускают через свою душу священный текст – иногда перенося действие в другую эпоху, в том числе в современность, используя библейскую стилистику в оригинальных стихах.

Стихи – это исповедь души. Души, использующей для своего выражения привычный, родной, или ставший родным язык. «Пересказ» библейских сюжетов или тем – попытка прикосновения души к священному тексту, к изначальному языку.

Что является темой Библии – история народа, история единобожия? Многочисленные языковые и знаковые смыслы, коды Торы. Заветы, данные нам, законы.

Поэзия Библии выражена не только в известных примерах древнейших поэм на иврите: Песнь моря (Бытие), Песнь Деборы (Книга Судей Израилевых). В сущности, весь текст Библии представляет собой многозначную, многослойную поэму в прозе, написанную на древнееврейском (см. Роберт Алтер, «Искусство поэзии Торы»).

Библия – это история: древнейшая, давняя, и продолжающаяся, современная. Это также и история земли и течения времени на земле. Время и пространство Библии продолжаются, существуют и не знают предела. Поэтому в книгу включен ряд стихотворений, которые не относятся непосредственно к текстам Библии, но напрямую связаны с землей и событиями, происшедшими и происходящими на ней в новейшей истории и в наши дни. Впечатления от этих событий основаны на личном поэтическом восприятии и опыте авторов, синтезирующем дух Библии и восприятие Святой Земли – земли Храма, обетованной, присужденной Господом избранному народу, но также земли христианской, места рождения и вознесения Иисуса Христа.

Важно обратить внимание на язык первоисточников, которые послужили импульсом для составивших книгу текстов. При этом речь не идет о прямой передаче, что и характерно для поэтического чувства, мышления и языка.

Борис Херсонский, православный, читает Библию на русском и передает, интерпретирует свое восприятие и чувство в русских стихах. Напомним, что Тора – все канонические книги Танах – написана (или записана) на древнем иврите. Главы Библии, появившиеся после Пятикнижия – часть Книги Пророка Даниила, книга Ездры – переданы на арамейском, семитическом языке, близком к иврите. Весь Новый Завет – на греческом; наличие арамейского первоисточника Евангелия от Матфея оспаривается. Есть предположение, что авторы изначально записали Новый Завет на арамейском, который в те времена был lingua franca левантийского мира.

Автор этих строк, изучая иудаизм, читает канонические издания Торы на английском, но мои стихотворения «библейского цикла» написаны по-русски. Имеется множество переводов Ветхого Завета на английский язык – прежде всего, канонический, основной, британский перевод средневековья, так называемое «издание короля Джеймса» (King James Bible). В иудейской традиции приняты переводы, сделанные советом ученых-иудаистов, раввинов – в частности, в наше время, еврейским обществом публикаций (Jewish Publication Society), Etz Haim (фундаментальный перевод Торы в консервативном иудаизме). Таким образом, в моем случае – это перевод перевода перевода: с древнего иврита на современный английский – и затем поэтическая, метафорическая интерпретация Библии на русском языке.

Может быть, это и формальность, но, с моей точки зрения, важно упомянуть источник света и сказать о том, как этот свет преломляется через несколько зеркал восприятия, находящихся в отдалении друг от друга. Данная книга – это скромная попытка передать поэтическим, метафорическим языком дальний свет веры и истины, преодолевающий времена и границы.

Это приводит нас к вопросу о раннем, высшем, неизвестном нам языке, так называемом «языке Адама», на котором Господь говорил с первыми людьми. Поэтическое непрямое восприятие имеет некоторое отношение к интерпретации этого раннего, изначального наречия. Язык поэзии по определению непрямой, метафорический, пытающийся передать непередаваемое: «услышать ось земную...» (О. Мандельштам).

В «Бытии» после пересказа родословной потомков Ноя повествуется о Вавилонском столпотворении. Рассказ начинается словами: «И была по всей земле речь одна и те же слова» (Бытие, 11:1). «И решили люди в своей гордыне построить башню (Вавилонскую) главою до небес». «И сказал Господь: «Ведь народ один и речь у всех одна... А теперь не будет для них ничего невозможного, что бы они ни вздумали делать. Сойдем же и смешаем там речь их, чтобы один не понимал речи другого» (Бытие, 11:6-7).

По-видимому, сущность поэзии заключается в попытке ощутить этот примордиальный начальный язык, на котором говорило человечество до Вавилонского столпотворения, смешения языков Всевышним и, таким образом, до начала «национальных поэзий».

В Священном Писании сказано, что сами апостолы получили «дар языков» в день Пятидесятницы в Иерусалиме. Это знаменитое выражение в английском переводе Библии звучит как *speaking in tongues* – так называемая глоссолалия. Чудо состояло в том, что в этот праздничный день люди, из разных краев собравшиеся в Иерусалим, понимали все произнесенное на своем собственном языке – как будто это говорилось на языке едином, начальном.

Сказано: Тора была передана Всевышним Моисею на семидесяти языках, но был изначальный язык, на котором Моисей услышал речение Господа. Семьдесят «языков», «ликов» Торы – семьдесят духовных и поэтических образов, «смыслов» Писания.

Не случайно существуют две Торы, две традиции Ветхого Завета.

Первая Тора – письменная, которая переписывалась на свитках поколениями переписчиков, и если одна буква изображалась неверно, то весь текст должен был быть переписан. Это тайна ивритских букв Торы – знаковый, кодовый слой.

Вторая – «Устная Тора» (Мидраш), которая передавалась устно из поколения в поколение, поддерживалась школами раввинов и читалась вслух в конгрегации в течение столетий. На основании Мидраш были созданы оба Талмуда (Вавилонский и Палестинский, Иерусалимский), которые и определили рамки иудейской жизни, ее исторический и духовный смысл, то есть поэзию загадки еврейского существования и выживания.

Традиция устной Торы (поэзия – это устное, вербальное искусство) – поэтическая передача истины из поколения в поколение.

Данный сборник и есть наша попытка, находясь у подножия, услышать отзвуки вечного гуда поэзии библейского речения.

Борис Херсонский

* * *

мир в котором мы обитаем лишь черновик
Автор вносит в него правки и этот процесс
помогает нам увидеть незримый Лик
за небесами Космос за соснами темный лес

за горами долины за долинами гладь морей
за морями дальние страны где все не так и не здесь
пестрых веселых рыб огромных лохматых зверей
толпы людей – живую гремучую смесь

циркуль в правой ластик в левой руке
землетрясенья цунами схождение горных лавин
лишь новая буква в слове лишь новое слово в строке
смысл которой чудак человек не уловил

* * *

земля же была пуста и безвидна тоху-ва-боху*
и даже всевидящий Глаз не мог различить в ней кроху
будущего Творения космическое яйцо
точка с огромной массой лишенная измерений
но воды существовали и среди испарений
Дух над ними витал и склонялось Господне лицо

вечный древний Хаос в ожидании света
и только затем светил пения многая лета
церковным хором под колокольный звон
в предчувствии храмов соборов божниц синагог
                                                          мечетей
разумных слов возгласов междометий
среди которых первый крик и последний стон

говорят, что Хаос это руины прежней
мертвой вселенной нужно немного прилежней
вчитываться в Писание чтобы уразуметь
что мир прямоходящих пернатых членистоногих
лишь одна из возможностей из бесконечно многих
об этом вещают ангелы и колокольная медь

земля же была пуста и безвидна и тьма над бездной
Богу любезной хоть сумрачной и беззвездной
но воды существовали и над поверхностью вод
носился Дух и это было залогом
явления мира сотворенного Богом
в нем прозябание розы и гадов подводный ход

и русский стих о пророке лежащем в пустыне
с углем горящим в груди пророке доныне

_____

* Эти слова – «тоху ва боху», וֹהֹבָו и וֹהֹת – упоминаются во втором
стихе «Бытия» и переводятся обычно так: «[земля была] безвидна
и пуста».

не восставшем не жгущем глаголом наши сердца
но пока только хаос и первоначальные воды
тоху-ва-боху мир бесконечной свободы
броуновского движения не помнящего Творца

ДРУГОЙ

1

Шел Господь по водам. Бесконечная ширь.
Кроме Бога по ней никто не ступал ногой.
Вдруг видит Предвечный – плывет по воде пузырь,
а в том пузыре завитком свернулся Другой.

Бог незрим, а Другой – непрогляден, Бог излучает свет,
а внутри Другого сгустком – тьма и огонь.
Бог говорит себе: трогать пузырь не след,
делай что хочешь, но этот пузырь не тронь!

Но что ни скажешь себе, а сделаешь – наоборот.
Взял шило Господь, продырявил пузырь насквозь.
И Другой – как выскочит! Ощерил зубастый рот,
руки в боки упер, ноги расставил врозь.

И пошли они вместе по водам, Бог и Другой.
Тот, Другой, не поймешь – друг или враг.
Бог творит Вселенную правой, Другой – левой рукой.
Бог ущелье создаст, а Другой сотворит овраг.

Бог создаст небеса, а Другой – облака.
Где Бог чихнет – там озеро, где Другой – там отроги гор.
И ничего не исправила правая Божья рука,
что левой сделал Другой, Богу наперекор.

2

А в день седьмой Бог прилег отдохнуть, и снится Ему,
что Он построил Дом во веки веков,
и запер Другого в этом вечном дому,
цепью связал и привесил двенадцать замков.

Снится Ему, что Другой грызет замки и ночью, и днем.
В месяц сгрызает по одному – труды нелегки!
Но на двенадцатый месяц – думает Бог – люди вспомнят
о Нем,
скажут «Христос воскрес!» – и снова на месте замки.

Снится Богу: замки обновляются каждый год.
Грызет железо Другой, так будет до Дня Суда.

Но если забудет сказать «Христос воскрес!» Божий народ,
освободится Другой, и что нам делать тогда?

СОТВОРЕНИЕ ЖИВОТНЫХ

И был вечер. И было утро. День четвертый. И Бог
                                          возгласил тогда:
Душу живую, пресмыкающихся, да произведет вода,
и птицы пернатые да полетят по тверди небесной
                                          при помощи крыл!

И все стало так, как Бог говорил.

И сотворил Бог рыб – большие, чешуйчатые тела,
и пресмыкающихся, душу живую, влага произвела,
и полетели птицы по тверди при помощи крыл,
и увидел Бог, как хорошо все то, что Он сотворил.

И благословил их Бог, обращаясь к ним,
птицам небесным, рыбам водным, пресмыкающимся
                                          земным:
Плодитесь и размножайтесь, сотворенные Словом Моим!

И был вечер. И было утро. День пятый. И Бог изрек:
да явится из земли всякий зверь и мохнатый зверек.
И создал Бог зверей и скотов земных,
а также ползучих гадов – по роду их.

И покрыла землю существ многообразных тьма.

И увидел Бог, что все хорошо весьма.

ВСЕ ДУШИ ЖИЛИ В АДАМЕ

Все наши души жили в Адаме,
вместе, но не слитно, а сами
по себе, непонятны сами себе,
они стояли молча, рядами,

в таком стеснении, что борьбе
негде было возникнуть, и спору
не было места. Все слушали Тору,
ибо Тора в те времена
была – не свитком, не письменами –
нет, она примыкала к хору,
вместе с керубами пела она

среди ангелов, у золотого трона,
Престола Всевышнего, чья корона –
не сиянье камней дорогих,
но земля и те, кто ее наполняет,
Вселенная, и кто в ней обитает.
Голос Торы был чище других.

Но умер Адам: честь по заслугам,
и наши души взлетели над лугом,
жужжа, соперничая друг с другом,
словно огромный пчелиный рой.
Кружа над пока еще бездыханной
землей, еще не обетованной,
Сионом, еще не святой горой.

Души, ждущие воплощенья,
грехопадения и прощенья,
первой смерти и жизни второй.

АДАМОВЫ ДЕТИ

Как Адам помирал,
так все рай поминал,
а Господа Бога не помянул,
оттого и помер, а так бы уснул,
и лежал бы, раскинувшись по земле,
как младенец бы спал в тепле.

Как Адам помирал,
так все рай поминал,
ни слова не понимал.

А дочери плакали все, пока
слезная не потекла река,
а дочери встали вдоль этой реки
вербами, ивами, а сынки
камнями прибрежными, их сердца
не пожалели отца.

А наши-то бабы да мужики
пришли сюда из-за той реки,
из-за той ли реки, из-за тех ли камней,
из-за тех ли деревьев и их теней,
мы не дети Адаму, мы со стороны,
нет на нас никакой вины.

Ловим карпов зеркальных и скользких угрей
в слезах адамовых дочерей,
рубим древесные их тела
и в печах сжигаем дотла.

Из Адамовых сыновей-камней
построим стену и башню над ней.
Пусть ивы плакучие слезы льют.

Нам-то что? Мы – не здешний люд.

* * *

И сказал Каин Авелю: «Авель, пойдем в поле!
Авель, пойдем в поле, оглох ты, что ли?»
Хлопнет дверь, скрипнет калитка. В щели прикрытых
                                                  ставен
смотрят те, кто любит тебя, а меня ни во что не ставит.

Пойдем в поле, Авель, слышишь? Пойдем в поле!

По бревну, над ручьем, текущим по дну оврага,
вверх по скату, по тропке, не замедляя шага,
по пологим, заросшим терновником склонам,
по холмам, на которые серебристо-зеленым
облаком роща легла, вцепившись корнями
в глинозем, по плоской вершине, где большими камнями
очерчен контур святилища, над которым внятно
Голос звучал: «Каин! Бери свою жертву обратно!»

Идем, торопись, уже недолго осталось,
скоро начнется ливень, чтоб кровь быстрее впиталась,
вместе с проклятьем земле, что кровь твою примет.

Хорошо, что погибель твою никто у меня не отнимет.

Пойдем в поле, Авель, слышишь? Пойдем в поле!

НОЙ

Во Всемирном потопе никто не погиб.
Просто все превратились в кальмаров и рыб,
в каракатиц, креветок, подводных ежей
и в кораллы на семь этажей.

Под водой тоже можно дышать, а по дну
тоже можно ходить, как ходил в старину
до потопа, вот только количество стоп
возросло, что ж – на то и потоп.

Ходят крупные крабы – отставники,
тем, кто хочет поплыть – Бог дает плавники,
два грудных плавника, и спинной, хвостовой,
ты плывешь – Бог доволен тобой.

Тем, кто хочет пульсировать телом, даны
купола, а для мелкой подводной шпаны –
столько усиков, лапок, присосок – не счесть,
плыть в глубинах – великая честь!

Тот, кто это не понял, – в ковчеге плывет
по мятущейся, темной поверхности вод,
и сияет дуга семицветная – знак,
что случилось – не то и не так.

* * *

Кабы не радуга, давно бы новый потоп
покрыл бы землю. Но вместо ковчега
несколько авианосцев метались бы в поисках брега.
Но тем и плоха вода, что нет в ней проторенных троп.

И не голубь с вороном, а самолет-разведчик,
в котором, сжавшись в комок, маленький человечек
смотрел бы вниз – хоть какая вершина из-под воды!
Хотя бы верблюжья двугорбого Арарата,
к которой Ной причалил когда-то. Дата
неизвестна, а волны смывают следы.

Подводные лодки с ненужным оружием проплывали б
над городами, и иногда задевали б
днищем шпили соборов, открывалась бы течь,
но у атомных лодок плавучесть, живучесть,
автономность, короче, у подводников – лучшая участь.
Но после потопа все мы – подводники, и не об этом речь.

Важно, что никакая беда не постигнет военных,
летчиков, моряков, плененных и убиенных,
глядящих в бинокли, выставляющих перископ.
Тем более, Бог постоянно милость являет:
расходятся облака и радуга в небе сияет,
обещая все что угодно, но не новый потоп.

НАКАЗАНИЕ

Все звери когда-то были людьми, но потом
все согрешили и стали зверями – сами тому виной.
И Бог наслал на всех людей Всемирный потоп,
и всех бывших людей по паре вывез в ковчеге Ной.

Каждый из них был порочен, блудлив и лжив.
Ослушанье и грех никогда не приводят к добру.
Все они провинились и, согрешив,
на глаза попались Господу и святому Петру.

И их превратили – каждого за свой грех –
кого в вола – пахали на нем, кого в коня – били плетьми.
А тех людей, кто провинился более всех,
Бог в наказание так и оставил людьми.

ЖЕРТВОПРИНОШЕНИЕ АВРААМА

Жили совсем недавно Абрам и Сара.
Сара с кошелками возвращалась с базара.
Абрам сидел у окна и читал газету,
передовицу – как поклоняться Сету,
Осирису, Ра, Анубису или Изиде,
как сладко мумии спать в большой пирамиде.

В детстве он тоже мечтал стать мумией. Позже
он приобрел отвращение к черной высохшей коже,
золоченым маскам, расписным саркофагам.
Лучше остаться живым и работать завмагом.

Лучше играть в домино во дворе под сенью
огромного дуба, чем становиться тенью
самого себя, слышать Голос, видеть виденья.

Но Голос звучит, виденья перед глазами
стоят, зачем – не понимая сами.
Тот же Голос, который сказал «Изыди»!
Куда изыди? Правнуки – к той же Изиде,
в страну кирпичей и корзин, откуда
не выбраться, если не будет чуда.

Абрам берет нож, которым резали булку,
кричит в окно: «Исаак! Айда на прогулку!»
И уходит с сыном вверх по наклонному переулку.

* * *

Господь заметил старика
и, чтоб предотвратить несчастье,
с небес спускается рука –
перехватить его запястье.

Но если этот жест Творца
отсрочка только? С каждым годом
все явственнее меч отца
я вижу над своим народом.

Всю ночь я не смыкаю глаз,
и, чуть от ветра скрипнет рама,
я жду: быть может, в этот час
Бог примет жертву Авраама.

ТРОИЦА ВЕТХОЗАВЕТНАЯ

В садах кутили без опаски,
но близился последний миг.
Не стали Трое ждать развязки
и пробирались напрямик.

Три их прозрачных силуэта
в Один, сияющий, слились,
и треугольный сгусток света
беззвучно поднимался ввысь.

Внутри Него открылось око,
и все предстало перед Ним.
И вспомнил Он, как одиноко
втроем идти путем земным.

Дворы, поросшие травою,
и обмелевшая река.
Старик кивает головою,
хлопочут слуги старика.

На груду стружек и опилок
теленка с меткою на лбу
свалили – обухом в затылок,
веревкой прикрутив к столбу.

А дальше открывалась взору
гора. Он ясно видел гору
и дальше, сквозь масличный сад,
Он видел городскую стену,
и за стеной – угрюмый град,
где все друг другу знают цену
и бражничают – все подряд.

Сияет тускло позолота,
и окна спящие черны...

И – взрыв. Вдали – фигура Лота
на фоне огненной стены.

БОМЖ (ИСХОД)

Ты погрузил в пучину всадника и коня,
колесничего с колесницей, копьеносца с его копьем.
Ты увел народ за столбом огня.
Возможно, Ты сам был этим огнем.

Я – немощный старец – остался на берегу
с юной подругой. Никто не хватился нас.
Нам не догнать своих. Нас не догнать врагу.
Фараон в колеснице на дне стоит, накренясь.

Его большие глаза выкатываются из орбит.
Он знал, что (и за что) будет убит.

Глаза неизвестного зверя в зарослях тростника
сияют багровым отсветом. Вот на песке следы.
Змея с рыбкой во рту плывет поперек родника,
вытекающего из камня с проблесками слюды
и отпечатками раковин, панцирей и костей
древних рыб с плавниками-лапами, без чешуи и глаз.

Господи, ты устал ждать от меня вестей.
Боже, услышь мой глас!

Двенадцать веков спустя, по склону спускаюсь на
пустынный берег ночной. Прожектор скользит вдоль
берега, чтобы спокойно спала страна,
наряженная в форму, стриженная под ноль.

Прожектор скользит, упираясь в спины влюбленных пар,
высвечивает осколки бутылочного стекла.
Двенадцать веков назад я тоже был очень стар.
Но она обнимала меня. И забыть не могла.

И простить не могла, за то, что ушел народ,
а мы остались. Боже, чего мы ждем?

Из расщелины в море войско по слову «Вперед!»
выйдет, пяля глаза. И мы от него не уйдем.

А пока у моря вдвоем
лежим, укрывшись тряпьем.
Помяни нас в Царстве Своем!

ИСХОД

Направленье и скорость бегства,
место действия – безразличны,
и спасенье не цель, а средство
пробудиться, как в детских снах.
Обстоятельства так обычны:
пробудишься и, пробудившись,
ощущаешь мышцы, и в мышцах –
кровь, и в каждой кровинке – страх.

По уступам морского дна
мы бежим, запрокинув лица.
Позади гремят колесницы,
и вода стоит, как стена.
Но к стене нельзя прислониться,
и судьба уже решена.

ФАРАОНЫ

Писано в писаниях: во времена оны
жили во Египте люди-фараоны.
Кто с головою сокола, кто с головой шакала:
одна башка клевала, другая лакала.
Жили – не тужили, но себе на горе
погнались за евреями сквозь Красное море:
средь моря было узко словно в коридоре.

Евреи те вышли из воды сухими –
такой уж промысел был Божий над ними.
Фараоны остались в иле придонном –
так судил их Моисей со своим законом.
И теперь живут в воде эти человечки,
доходят даже до устья нашей речки,
плавают у мельницы там, где запруда:
даже сетью их нельзя вытащить оттуда.

Лишь когда Христос-младенец по земле гуляет –
в год по одному человечку избавляет:
ловит в воде, кладет в свой кармашек.
А за ними следом ходит маленький барашек.

А бывает это в дни Пасхи Господней,
когда даже черти боятся в преисподней.
Сорок дней гуляет Иисус, взирая:
далеко ль Державе Российской до рая?

Потому-то сорок дней на земле не пашут,
а на дне реки прозрачные человечки пляшут –
кто с головою карпа, кто с головой налима:
ждут нового подводного Иерусалима.

ИЗ ЖИЗНИ ГОЛИАФА

Если ты великан в плаще – чтоб завязать шнурки
на черных ботинках, нужно согнуться и попыхтеть.
И души тех, кто принял смерть от твоей руки,
мелькают в глазах снежинками. Нужно впредь

с утра измерять давление. Над верхней губой
подстриженные усики. Снизу слышен сигнал.
Это ЗИС чернолаковый, прибывший за тобой,
весть подает, чтобы враг тебя не догнал.

Тонкий стакан в подстаканнике. Чайная ложка фраже.
Стайка чаинок на дне, выеденное яйцо
в фаянсовой рюмочке. Женщина в неглиже
жмется к твоей груди, гладит твое лицо.

Хлопает дверца машины. Город мелькает в окне.
Дальше – предместья. Потом начались луга,
козы, коровы, рощица в стороне,
синяя речка, пологие берега.

Отпустив машину, идет великан в плаще,
мир таков, каков есть, и быть не может иным.

Вот, вдали пастушок крутит камень в праще,
и овцы жмутся друг к другу облаком шерстяным.

ИЗ ВТОРОЗАКОНИЯ

И Бог отправит тебя в Египет, на кораблях,
путем, мысль о котором порождает смятенье и страх.
Вечерами будешь рыдать, сожалея о прожитых днях,
среди белого дня – трястись, сожалея о вечерах.

Водная бездна развернется у самых ног,
и ты подумаешь – Господи, куда же меня занесло!
И как раньше радовался, творя тебе благо, Бог,
так будет Он радоваться, творя тебе зло.

Как обрадуется Бог, видя ярмо на твоих плечах!
Как возликует Он, видя согнутый твой хребет!
Как возвеселится, читая ужас в твоих очах,
в которых погас последней надежды последний свет.

И будешь кланяться камням и деревьям – чуждым богам.
И на рассвете выйдешь на огромный базар
продавать себя в вечное рабство своим врагам.
Но никто не купит ни на что не годный товар.

ПЛАЧ ИЕРЕМИИ

Как одиноко город сидит,
сгорбившись, подобно вдове,
с платком на старушечьей голове!
Ее владенья разорены,
юные дочери осквернены,
был сын, но и он убит.

За острой иглою – белая нить,
саван – прочное полотно,
пусть покроет родную землю оно,
прислонилась к горячему камню щека,
ни плакальщика, ни могильщика,
землю некому похоронить.

Иеремия, ты слышишь, я
плачу с тобой вдвоем,
так рыдают высохший водоем
и проломленная городская стена,
моя столица осталась одна
по ту сторону бытия.

А по эту сторону – два раба,
яма, петля и страх,
недвижный воздух, дорожный прах,
на котором две цепочки следов,
да десяток идущих по следу врагов,
а следом – плетется арба.

Бугристые, длинные спины волов,
крик погонщика: «Шевелись!»
И хочешь – кляни, а не хочешь – молись,
все равно ни то, ни это – не в счет,
и равнодушно вечность течет
поверх склоненных голов.

ПРОРОК (ВИДЕНИЕ ИЕЗЕКИИЛЯ)

Я видел четырех животных,
движеньем коих правил Дух –
неосязаемых, бесплотных,
но ужасавших взор и слух.

Они вздымались из провала.
Над ними черный диск парил.
Четыре каждое скрывало
лица безглазых между крыл.

Лицо орла и человечье,
тельца и льва. И каждый лик
был наделен разумной речью
и издавал раздельный крик.

Над ними, не вращаясь, плыли
четыре тяжких колеса,
и в облаке звенящей пыли,
вращаясь, плыли небеса.

Стопы животных были босы.
Был мрак в глазницах их пустых.
Не отставая шли колеса,
касались веками откоса
глаза на ободах стальных.

И был Сидящий на Престоле,
и был лежащий меж камней...

Легко служить Господней воле,
не зная ничего о ней.

ИОНА (СПИРИЧУЭЛ)

Девятый вал на десятый вал
бросает судно. Держать штурвал
устала рука. Гребцы давно
убрали весла. Море темно.

О, что за огромная рыба, Господи,
что за огромная рыба!

И сказал Иона: Это мой грех
тянет в пучину всех.
Лучше уж я один утону,
чем всех потяну ко дну.

И за руки, за ноги, раскачав,
моряки бросают его. Закричав,
он уходит на глубину.

О, что за огромная рыба, Господи,
что за огромная рыба!

Тянут грехи – неподъемный груз.
Хрустальные купола медуз
проплывают мимо, прочь унося
ледышки щупалец. Конь морской
загибает хвостик спиралью. Мирской
жизни осталось на локоток.
На спине у краба – хищный цветок.
Вот вам и сказка вся.

Но что за огромная рыба, Господи,
что за огромная рыба!

Объяли воды до самой души.
Плыви, Иона, и впредь не греши.
Вот тебе жабры – ими дыши,
вот плавники, Иона. Плыви,
рыбьим ухом слово Господне лови.

Серебрись чешуею, глазами вращай,
Господь прощает – и ты прощай.

Но что за огромная рыба, Господи,
что за огромная рыба!

Буря утихла. Прозрачна вода.
Глубоководные города
наполнены жизнью. Что за народ!
Присоски, щупальца, рыбий рот,
клешни, усики и шипы,
рифленые панцири. Видишь, вот, –
кто-то кричит из толпы, –
видишь, пророк Иона плывет,
жабрами шевеля,
весь морскою травой оброс.

А корабль уцелел, и пьяный матрос
восклицает: «Земля! Земля!»

Но что за огромная рыба, Господи,
что за огромная рыба!

ДОМ ДАВИДА

Далеко от Рязани, может, тысяча верст,
а может, и две – город, чудной на вид.
Там живут души умерших. А живой там – один как перст
царь Давид. Живет и псалмами народ дивит.

А в доме Давидовом башни четыре и в каждой врат
по пять, а может, и больше, никто не считал.
А в доме Давидовом стены выше наших стократ.
А на крыше злато, а может, иной металл.

А в доме Давидовом души, как пчелы – мельтешат и
                                            жужжат.
Иногда к ним добираются наши, русские старики –
навестить родню, подкинуть немного деньжат,
или – коливом накормить, посидеть у Хеврона-реки.

А к Давидову дому близко не подойдешь.
Приближаешься – дом Давидов возносится ввысь.
Ступишь на землю – и землю охватит дрожь.
И земля человеческим голосом скажет – остановись.

И впрямь, что тебе делать во граде чужом?
Не видишь? Он весь во власти нечистых чар.
С одной стороны его караулит старый еврей с ножом,
с другой стороны – с саблей кривой – янычар.

Но отвечайте: мы русские, наши, рязанские мы,
из села Петровки, где у церковки три главы.
И Давид обрадуется, и споет вам свои псалмы,
и безопасно в Петровку вернетесь вы.

А вернешься – встань на молитву, а как псалмы прочел,
помяни Давида и кротость его. А если спросят: как там
наша родня? – отвечай – души похожи на пчел.
Мельтешат и жужжат, как в улье. А о чем – неведомо нам.

ПСАЛОМ – ПЕСНЬ ВОСХОЖДЕНИЯ

По Потемкинской лестнице снизу вверх, ступень за
                                                 ступенью,
останавливаясь на площадках – минуты две передышки.
Тесно дыханью, еще тесней – песнопенью,
трудно старцу вприпрыжку взбегать на манер
                                           мальчишки.

Там наверху – бульвар, маленький идол из бронзы –
губернатор в лавровом венке и римской тяжелой тоге,
это лучше, чем изваяние тупого советского бонзы,
но, глядя на памятник, редко вспоминаешь о Боге.

Вспоминается Пале-Рояль, школьная библиотека,
строевые учения за оградой воинской части,
губернатор начала позапрошлого века
в те дни представлялся крупицей небесной власти.

Можно встать у пьедестала, щелкнуть на память фотку,
купить открытки – в комплекте – значок со словом
                                                 «Одесса»,
но нельзя перекреститься, пальцы сложив в щепотку,
поминая Божиюмати и Христосавоскреса.

Восхожу к Отцу моему, к Николаевскому бульвару,
где снова можно увидеть лошадку, запряженную
                                              в бричку,
восхожу, вспоминая юность, студенческую гитару,
восхожу, вспоминая детство, воспитательницу-
                                           фребеличку,

восхожу, вспоминая, что таблетки (на всякий случай)
послушно лежат в нагрудном кармане рубашки,
восхожу, если вдуматься, к послежизни, возможно –
                                               лучшей,
в бабушкин мир вязанья и манной кашки,

в мир дворовой, заоблачный, загаженный голубями,
любимый Богом больше новых районов спальных,
и за все это Бог награждает последними ясными днями,
вереницей июньских дней – долгих и беспечальных.

ПСАЛОМ ГНЕВНЫЙ

Как стеснили меня на высотах! Как в низинах
                                    ликуют враги!
Как на водах оскалились хищники! Тьма сгустилась –
                                    не видно ни зги!
Подстерегают, стелются змеями по траве,
верят всей клевете на меня, всякой лживой молве.
Злые слова их уст застревают в моих ушах.
Враги за каждым углом. Наблюдают мой каждый шаг.
Враги за каждым углом. Враги за общим столом.
Говорят обо мне – Бог не в помощь ему, он обречен
                                    на слом,
ослабеют ноги его, согнется его хребет,
изранили сердце его трубы наших побед!
Встретим смехом его! Проводим его пинком!
Накроем могилу его из цветов бумажных венком.

Сотвори же над ними, Господи, что готовят они для меня,
пусть без тревоги и скорби не проживут и дня,
пусть просыпаются ночью, зубы от страха сцепив,
пусть сойдут с дороги, врагу добычу свою уступив.
Пусть растекутся они, как пролитая вода,
пусть сторицею к ним вернется ненависть и вражда,
пусть падет на головы их совершенное ими зло.
Пусть наветы на них растут, умножая свое число.
Пусть клеветы горят под ними, как огонь под котлом!

Поживем-увидим, кто из нас обречен на слом!

ПСАЛОМ-ЖАЛОБА

я брошен Тобою как плоский камешек – подпрыгнул
                                        и сразу на дно.
по поверхности расплывается радужное пятно.
со дна пробиваются мелкие жемчужные пузырьки.
объяли воды душу мою, и эти воды горьки.

я брошен Тобою, оставлен, как куколка на песке
без пола, одежды, с болью в правом виске,
по рассеянности, за ненадобностью, или так, надоел,
я брошен, как пирожок, который Ты не доел.

я порван, как черновик. я прерван, как скучный мотив.
Ты ушел, как конверт без адреса в ящик меня опустив,
Ты оставил меня, как прочитанный том на скамейке
                                        в саду,
Ты оставил меня, Ты оставил меня в аду.

Ты отнял у меня всю речь, весь словарный запас,
мне осталось лишь слово жалобы, плоское, без прикрас,
волшебное слово «пожалуйста», как в сказочке
                                        для детей,
сказал – и открылись к Спасению сто дорог, сто путей.

осталось лишь слово одно, осталась надежда одна,
что Ты вернешься и камешек подымешь с морского дна,
вернешься, подымешь куколку и песок отряхнешь,
разорванный листик склеишь и мотив – допоешь.

ИЗ ЕККЛЕСИАСТА

1

у того, кто женщиною рожден,
много печалей и мало дней –
как цветок восходит и никнет он,
не прочнее тени своей,
он не может жизнь удержать свою
на дороге к небытию.

даже если он восходит на трон
и строит себе дворцы,
даже если слуги со всех сторон
и советники сплошь мудрецы,
если сотни девушек только и ждут,
когда в спальню их призовут,

но со всеми ними не ляжешь в постель,
не обживешь дворцов,
и, если подумать, какая цель,
если гибель в конце концов
ожидает нас, как злодей за углом,
чтобы душу пустить на слом.

и кому оставит мудрый отец
все, что за жизнь скопил?
нерадивый сын, беззаботный юнец
пустит именье в распыл.
и будут оплакивать сотни вдов
судьбу отцовских трудов.

так умасти же елеем чело,
музыкантов к себе призови,
делай все, что на ум пришло,
наслаждайся на ложе любви,
но эти услады тебя не спасут,
если Бог приведет на суд.

наемные плакальщицы окружить
готовы наши тела,
и кажется, лучше вовсе не жить,
чтобы жизнь, не начавшись, прошла,
чтобы, не став человеком, прах
остался на Божьих руках.

2

Также не спрашивай, почему
стал человек так зол,
что нраву кроткому своему
ты поприща не нашел.
Почему благочестие перевелось
и добра не увидишь ты,
ибо ты задал этот вопрос
не от большой доброты.

Также не спрашивай, почему
в тяжелые времена
живешь – не легче отцу твоему
досталась его седина.
Почему сегодня пусты закрома,
хоть вчерашний посев пророс.
Ибо не от большого ума
ты задал этот вопрос.

3

В хорошие годы твой хлеб возьми
и отпусти по воде –
найдешь его через много дней.
Дай долю семи и даже восьми,
потому что не знаешь, какой беде
быть на земле твоей.

ПЕСНЬ ПЕСНЕЙ

сизый пепел табачный в кофейном блюдце.
сизый туман в оконном проеме.
и если где-то теперь веселятся или смеются,
то не в этой стране и не в этом доме.

Здесь ничего не ждут, молчат месяцами.
все давно проговорено в нервотрепке всегдашней.
И ничем не помочь сестре с неразвитыми сосцами –
а была бы стена, мы бы к ней пристроили башни,
а была бы дверь, мы б ее укрепили медью
и украсили доски неповторимым узором,
а была бы скатерть, мы б ее уставили снедью,
а была б жива, мы б ее одарили смертью,
а была б чиста, мы б покрыли ее позором.

* * *

Радуется, ликует пророк Господень Исайя,
ходит по краю облака, восклицая:
«Яко отроча родися нам, сын явися нам».
Замолкает по временам, озирается по сторонам.

Ангелы вопиют: «Рождество Твое, Христе Боже!»
Всюду мороз, на улице и по коже,
все как прежде, всюду – одно и то же,
то на Брейгеля, то на Ван Эйка похоже.
Мария – тонка, прозрачна, Ирод – отечен и толст.
Жаль, что некому это перенести на холст.

Пенье на хорах и клиросе. Звон – со всех колоколен.
Кто-то умер, а кто-то опасно болен.
Кто-то пред смертью каялся, а кто-то только потел.
Кто-то кого-то взорвал. А кто-то – только хотел.
Странно, что Град Господень не опустел!

Кто рыдает в отчаянии. Кто восклицает в гневе.
А Исайя ликует, ибо Дева име во чреве,
и пришла в Вифлеем, и родила сыночка,
а подруги ей говорили, что будет дочка.
Вот выйдет замуж, внуков тебе принесет,
всех порадует, никого не спасет.

А она знала, что сына родит, Эммануила-Иисуса.
Род людской восклицает: Вот теперь-то я и спасуся!
Вот теперь свобода, живу – делаю, что хочу,
а потом тело в землю, душой ко Господу полечу.
Если нужно денег, то я заплачу.
Есть прощение жертве и ее палачу.

Особенно жертве – жертва всегда виновата.
Облака для тепла, как между рам сдвоенных вата,
присыпана блестками и осколками от игрушек,
шариков, домиков, шишек или зверушек,

все, что разбито в прошлом году, на прошлом веку.
Кукушка в ходиках хлопает крыльями, говорит: ку-ку.

А Мария думает: Что мне цари, с ужасными их дарами,
что январь с детскими праздниками, рождественскими
пирами,
что мне Небесный Отец с бесчисленными мирами.

Лишь звезда сияет, и будет сиять до зари,
и, звезде навстречу, Младенец светится изнутри.

* * *

Великий нагорный град, устами врат
поглощающий и выплевывающий людей,
снующих, торгующих, ревнующих: кто святей, кто лютей.
Хмурые бородачи в белых хитонах до пят.
Судачат женщины, дети вопят.

Квадратный храмовый двор, толпа во дворе,
режут скот, сжигают на алтаре.
Благоуханье, приятное Господу, дым жирный, мясной.
Слишком жарко летом, зато хорошо весной.

Раз в сто лет сменяется оккупационный режим.
Поворот колеса истории всегда на пользу чужим.
Ставят наместника, идолов, солдат у ворот,
привозят свои монеты и вводят их в оборот.

О человек, ты любишь медь, золото, серебро,
пока кошелек не отняли, не воткнули нож под ребро,
пока не впиталась в землю кровь и пока
душа, оглянувшись, не улетела за облака.

Въедешь в город пророк пророком, верхом на осле.
                                        Люди, крича
«Осанна в вышних!», глазеют, а выйдешь пешим,
                                на спине волоча
огромный крест, под присмотром стражи и палача.

Оккупанты глядят тебе вслед со стены крепостной.
Слишком жарко летом, хорошо весной на страстной.

* * *

Храм еще темен. Поют – «Не рыдай мене, мати».
Плащаницу уносят в алтарь. Воцаряется тишина
в честь «распятаго же за ны при Понтийстем Пилате,
и страдавша, и погребенна». Лишь минута одна

пройдет в молчанье. Потом зазвенят кадила.
Запоют священники. Сверху подхватит хор.
Две тысячи лет назад озарилась светом могила.
Минута вперед – озарится светом собор.

Ударят колокола. И люди пойдут друг за другом,
подстраиваясь к хору – каждый по мере сил,
прикрывая свечу ладонью, огромным поющим кругом,
Господи, дай Своим слугам, каждому, что просил.

Ты сокрушил нам души Твоим страданьем.
Ты изранил наш разум Твоим терновым венцом.
Только и радости нам, что «в третий день, по писанием»
Ты воскрес и вознесся, и теперь Ты рядом с Отцом.

Андрей Грицман

БИБЛЕЙСКИЙ ЦИКЛ*

Исход, 30:11–34:35

«Две каменные плиты, покрытые письменами,
давно разбиты, осколки теперь в земле
на территории египетского военного лагеря.
На них – прикосновение его длани.
Никто никогда не видел облика среди пепла и гари».

Однако за границей жизни
начертано: есть видение без возврата.
Врата приоткрыты, запах мяты, обрывки песен,
облако пыли, горящие реки, куда-то идут солдаты.

Крыло дуновения того ветра. Знание недоступно
ни ночами агонии, ни душным больничным утром.
Только в конце на зеркале дыхание вскользь наметит
тающий легкий образ в потустороннем свете.

Это лишь тень Моисея в пути, на лице завеса.
Горизонтальный месяц навеки застыл на месте.

Он на пути остался, где-то его могила.
Образ его прозрачный плывет над долиной.
Его собеседник рядом, с нами в пути по пустыне.
В колкой заре на рассвете, в тлеющем дыме,
в тающей ночью тени на площади в Ханаане.

---

* Эти стихи являются не переводами частей Библии, но попыткой
поэтической интерпретации текстов. – *Прим. авт.*

51

После того как они ушли, подойдя слишком близко,
небо заволокло, и брату заказан был вход под страхом
　　　　　　　　　　　　　　смерти, и резко
облако взмыло за полотном пустыни. На расстоянии
виден был знак, и ушел человек в поисках зверя
　　　　　　　　　　　　　　в унынье.
Но не одинок ты в скалистой пустыне, Азазель.
Аарон перед Ним в ожиданье всю жизнь – не разрублен
　　　　　　　　　　　　　　тот узел.
Вот и запомни, что меченый ты: избран, послан
　　　　　　　　　　　　　　в предел недоступный,
там, где свобода струится и рвется ручей по уступам,
то омоет, то снова взыграет ключом – и растает.
Отдохни в день десятый, и вспомнишь всю жизнь,
　　　　　　　　　　　　　　и предстанешь
перед Ним ты один, у светло-отвесного входа.
Запах крови, и дыма, и кож – все проходит.
Там демоны-звери померкнут в ночи, и ты, утомленный,
обнаженный, застынешь под кровом безмолвно.
В том месте, где слышен язык, словно рядом
наречье пропитано чудным и медленным ядом.
Язык, который мы слышим, не помним, но знаем,
по краю пройдя неумолчно трепещущим садом.
И звуки слышны, голоса, голоса, но буквы –
обломки согласных – как будто разбросаны чадом.

Третий день – день запрета. Разложен костер.
Незнакомец стоит на пороге твоем.
Выбрось хрупких божков и вымети сор.
Ты в конце остаешься со мною вдвоем.

Собери виноград, и последний кувшин –
для случайного гостя из дальней страны.
И отец твой, и ты, и твой внук, и твой сын –
все вернулись с чужой и постылой войны.

Посмотри на свой дом: опустели поля.
Где-то мать и сестра черепки собирают.
Но написано: есть за пустыней земля.
Если это не рай, то предвестие рая.

Там прозрачен рассвет, ароматен закат,
бесконечен родник у забытой гробницы.
И невидимый свет, струясь, словно весть,
озаряет родные и дальние лица.

На день седьмой ты станешь тих и нем.
Ты отдохнешь от пристальных работ.
Проходят дни, недели, будет семь
недель, и выйдет в поле тот,

чей облик далеко. Свежи его следы,
и сладок дым от жертвоприношенья.
Сын египтянина придет как весть беды,
и будет тщетной жертва всесожженья.

Но есть хлеба для скорбных и чужих,
дошедших из долин до тех предгорий,
где человек и зверь пьют сальный, терпкий дым
тех наслаждений, что приносят горе.

Но мы в том месте, где дарован нам
в кувшине глиняном необозримый свет.
Дохнёт покоем тихий ветер сна,
прошелестит по глянцевой листве,

по ивам вдоль ручья, по нам, по всей родне
по листьям пальм и принесет к апрелю
весть о земле, о молоке, о дальнем дне,
когда мы выйдем наконец на волю.

Земля ждет сорок девять лет.
Сорок девять раз я ждал тебя в своем сердце.
Сколько лет над землей длится полет
взлетевшей с надеждой трепетной птицы.

По реке времени, в лесах пространства,
сквозь опустевший, оглохший, остывший город
несет она весть о временном постоянстве,
о том, что народ мой древен, но вечно молод.

А душа, где она находит верное место?
В чужих пределах, но отзвуки помнит слова.
Хранится оно всю жизнь, все детство.
Взлетевшая птица вернется домой снова.

5 Адар II 5771 (11 марта 2011)

Когда нас не будет, не станет, настанет
ваш мир в пустоте бессловесного гуда.
Мы дымом взлетим, звездой негасимой
в заброшенном городе старшего сына.
Задавленных судеб овраг оседает.
Никто не выходит на улицу в мае.
А вы припадете к подножиям жирным,
покрытым кровью и салом могильным.
И там, в перепончатом мраке забвенья,
все медленно вдаль поплывет – к разрешенью
всех ваших задач относительных чисел,
к забытому складу непонятых писем.
Но выживет память кровавого сгустка,
там книга закрыта, там гулко и пусто.
Но и без нас будет боль абсолютна,
когда ваши дети больные под утро
всё будут шептать с осязаемым страхом.
И дети, и вы – до последнего часа:
Йоав, и Элад, и грудная Адасса...

Долина Мертвых костей (Иезекииль, 37:1–14)

В Долине Мертвых костей стою и внемлю.
Правой прошу о помощи, глаза прикрываю левой.
Ручьи пересохли, кость превратилась в камень.
Скажи, зачем ты меня в этом месте гиблом оставил?

Долина Мертвых костей, смерть, но и в ней – обещанье.
Восстанет народ, ибо вечно твое прощенье.
От тех, кто убиты, лишь кости и пыль остались.
Кости не могут жить и дышать, их тени не встанут.

Сын человеческий, – здесь весь твой народ погибший.
Но помни, могилы откроет и благословит Всевышний
народ свой грешный, вдохнет движение ветра.
Ветер четвертый, вслед за первым, вторым и за третьим.

Бог мой войдет в вас, и снова к истокам вернетесь
В землю свою – в свою землю последнюю, в Эрец.
Память костей в той долине всю жизнь и всю смерть
                                              остается.
Смертный дымок над долиной и городом медленно
                                              вьется.

Я стар и сед, я вел вас через жизнь всю жизнь.
Свидетель мой – Всевышний. Из Египта
вас вывели Моисей и верный Аарон,
не дав допить смертельного напитка.

Теперь, когда не видно ваших лиц,
повернутых к Ваалу и к Астарте,
ждет царь Моава, сонмы филистимских хищных птиц
летят на вас, и в ожиданьи смерти

недвижны вы. Но старец Самуил
промолвил медленно: «Оставьте страх и боли.
Вы совершали то, что требовал Ваал.
Всевышний выведет вас снова из неволи».

Забудьте страх. Он не оставит вас,
пока Его в себе несете через годы.
Скрепленные единою судьбой
опять вкусят и молока, и меда.

И снова поплывет маяк судьбы
сквозь заросли неведомой природы
вслед за кивком незримой головы
в далекие безвременные годы.

Потоп

Издалека с оливковой веточкой в клюве
голубь вернулся, замер над нами в полете.
Не виден ковчег, замурованный в сказанном слове.
Мерцает вода в приснопамятном данном нам свете.

Там ли мы ищем ковчег – ведает только слово.
Берега все далее уплывают водами и годами.
Каждый сам по себе. Но я знаю: вернется снова,
прилетит тихий голубь, наверно, за нами.

На краю мы и ждем, на счастье, судна любого.
Густа мгла неземная, слово плещется всуе.
Ждем мы всю жизнь, прилетит ли тот голубь
с тонкой, прозрачной, последней веточкой в клюве.

Бытие. Начало

Одному – одиночество в полом пространстве вселенной.
Из тебя я создам ее плоть, ее кровь.
Ты забудешь и мать, и отца, и к той бренной
ты прильнешь навсегда, обретя с нею кров.
И познаешь ты с ней и соблазн, и расплату,
бесконечность игры неслиянных начал.
И на грудь упадет соленая влага,
капля истины вечной – чтоб любил и страдал.
Но рептилия зла подползет, и в оскале
твоя дева увидит познания плод.
И с тех пор навсегда во сне одеяло
будешь тщетно искать, обнимая тепло.
Чтобы спрятать свои беспокойство и муку,
но прожить без нее теперь не дано.
В пустоте осязать ту желанную руку,
что у чудной богини отбита давно.
И тогда ты поймешь, примешь все без прощенья,
и под звездами выйдешь в безлиственный сад.
И услышишь в ночи бессловесное пенье,
веру в нежность надежды запомнив с утра.

ДУША МЕСТА

По поводу ситуации, моя дорогая.
Она по-прежнему грустная,
по меньшей мере.
Теряешь одну,
приходит другая.
Но каждый сам, в одиночку,
боится своей потери.

Что такое потеря?
Поиски дома, пустое место
в груди субъекта.
Правоверные за меня
справляют субботу
где угодно, а я, молодея,
ношу по гостям грудную клетку.

Как стареет женщина?
Память о боли,
крик: «Филипп!» – в окно,
в горящую бездну.
Забота о пыли.

Мужчина стареет, как волк в диком поле,
ища реку родную.
Потом на пределе –
видит душу свою как маяк в тумане,
плывущий, зримый, недостижимый.
Корабль жизни проходит мимо
в мерцающем караване,
и на борту неразборчиво имя.

Что же остается?
Глоток свободы. Приятие неизбежного счета,
счета,
заботы,
вечерняя почта.

О чем, Всевышний? Дожить до субботы,
до Рош га-Шана, до Эрец –
и там залечь ночью.

Камень стынет медленно.
Звезды хрупки. Пахнет
горящим вереском, мусором,
от Рамаллы, сухой кровью.

Лежу один, поднимая к луне
озябшие руки, своему покою не веря.
И на меня, тихо старея,
глядят удивленно
масличные деревья,
так и не узнав, что они деревья.

РОЖДЕСТВЕНСКИЕ СТИХИ

От Вифлеема к лазарету
конвой прошел до поселенья.
Погас кремнистый путь. Вдали
горит звезда Давида.
Безводным инеем наутро
соль на поверхности земли.

В долине – дым. Мангал горит.
Радар с ракетой говорит.
Гниение на дне пещеры,
там сера адская дымит.
И шпиль в бездомности безмерной
стоит столпом как символ веры.

Под слоем вечной маеты:
менял и клерков, пестроты,
соборов, гомона и звона
в туманной гавани костры
всю ночь горят. Из пустоты
гудит норд-ост. Потом с утра
дымятся башни Вавилона.

ЭЙН-КЕРЕМ

Цепь сигнальных огней над долиной Эйн-Керем
дальнобойным полетам к незримым деревьям
в бесконечную жизнь многослойных олив,
в заминированный халцедонный залив.

Крепок мрамор холодный, расколотый воздух,
где застыл истребитель, летящий на отдых.
Мы внизу, у ручья, в ожидании чуда,
что пророки проснутся безоблачным утром,
что вернется в скалу подземельная кровь
и погаснут огни поминальных костров.

Мимо древнего рва и арабских окопов
старцы двинутся вниз по колючему склону
в нашу зыбкую жизнь, в евразийскую даль,
в ледяную молочную пыль и печаль.

Но останется облако пыли над станом,
над глядящим налево живым караваном.
И тогда я, устало коснувшись виска,
повернусь, не увидев явленья лица.

Я взгляну, но земля поплывет на прощанье
в дымном облаке дня и погаснет свеченье.
Я останусь один и закрою глаза,
и сквозь веки забрезжит фигура Отца.

И взлетит из долины последнее слово,
чтобы эхом безгласным откликнуться снова
и разбиться беззвучно о скалы в Эйн-Керем,
растекаясь листвой по масличным деревьям.

ПСАГОТ

Мастерская на краю пустыни. Темнеет.
Взрывы и грохот арабской мускусной свадьбы.
Нам здесь втроем хорошо, собрату и мне.
В воздухе запахи гари, судьбы и субботы.

Между Амманом, Рамаллой, мошавом, каменным морем
тронет художник полутона и оттенки.
В темных углах полотна мерещится горе.
В этих местах ты в полуметре от бездны.

К ночи за восемь минут остывает пустыня.
Пора бы домой, но удаляемся мимо.
В ветре гортанном послышалось дальнее имя
в трех блокпостах по долине
от Иерусалима.

ТЕКОА. ИРАДИОН

Все нормально – сжав зубы.
Теракты практически каждый день.
Сегодня утром хоронили
учителя школы из соседнего поселения,
в которой работает и Майя, наша невестка.
Господь велик, но аллах акбар.
Но ...и это пройдет, как сказал
древнейший классик.
Светел образ его:
столб огня ночью,
облако пыли днем,
застывшие навсегда
над Oświęcim.

* * *

Неразличимы стороны света.
Голос издалека еле слышен.
Пахнет вечерним тающим светом,
рощей, дикой поклеванной вишней.

Нам, говорят, повезло, но это не значит
ничего. Кто знает, что там, за зеркалом?
Кричи не кричи, горячись, говори речи –
в темноте бьется мое тихое сердце.

Слушай его, тогда время от времени
отсветы, отзвуки вспыхнут на вылете.
Едва различимы отголоски имени
в неверном, сквозном, отраженном свете.

* * *

Так и болтаешься между TV и компьютером:
хоть шаром покати, хоть Шароном.
С полуночи знаешь, что случится утром.
Вчерашний вечер прошел бескровно.

Только солнце село в пустыню сухой крови.
Мертвое море спокойно, как в провинции
«Лебединое озеро».
Тени, как патрули, тают по двое.
И вся земля – это точка зеро.

Расстегни ворот, загори, помолодей, умойся.
Прохладны холмы Иерусалима утром.
Там сквозные, резкие, быстрые грозы
обмоют красные черепичные крыши и
без тебя обойдутся.

Кому там нужны твоя карма и сутра?
К вечеру маятник ужаса застынет в стекле безразличия.
Заботы затоном затягивают под надкостницу.
Жизнь-то одна, и она – неизбежная.
Вот она, жизнь твоя – места имение личное.
Только крики чужих детей висят гроздью
на переносице.

* * *

Камень. Синай. Крестоносная ночь.
Лунный ландшафт стекленеет навечно.
Вечность долины становится речью.
Весть по холмам – патрульным лучом.

Храма руины – воздушные замки.
Воздух расколот на сотни глотков.
Круг перемирия наглухо замкнут.
Праздник отложен на десять веков.

Затвердевает последнее слово.
Жизнь удивленно разводит руками.
В гор горловину лунное олово
льется безвременно издалека.

В солнечной пыли – истина света,
мистика ветра, дымная горечь.
Высокогорье – вместилище эха.
Горные трубы вещают о горе.

Рыночный гул. Ничего, кроме детства,
не остается для оправданий.
Сколько в долинах возможно селений?
Холод. Земли безразличной свеченье.
Камень. Закон. Нам некуда деться.

* * *

Аллея длинная вдоль холма,
слева ферма, скала –
осколок окаменевшего века.
Река не видна, но едва слышна.
Почти до лета следы усталого снега.

Эту дорогу я когда-то узнал:
каждый куст и ствол.
Вижу тебя за глухим поворотом,
там, где к дороге подходит бунинский суходол.
Где только кажется,
что ждет тебя кто-то.

В легком небе холм, но города на нем нет.
Все как в России: дол, чащи, веси и кущи.
Мой нос в табаке, душа тончает в вине.
И в просторном моем картонном шатре
десять женщин пекут
предназначенный хлеб насущный.

ИЕРУСАЛИМ

Колючий полдень.
Преющий базар.
И облако на бреющем полете
над городом,
как талисман галута.

Автобусный вокзал –
разбухший лазарет
времен осады Яффы.
Пыль. Гумилева лик,
мираж в жаре, растаял,
жить устав.

Росою к ночи бисер на холмах.
У входа в город – смена караула.
На кедах – двухтысячелетний прах.
Провалы дышат
сыростью и гулом.

Непоправимы образы и вечны.
В известняке – квадрат окна:
там юный мой отец
в Йешиве вечером
один застыл
над книгой до утра.

За каждой дверью –
дремлющая бездна,
прикрытая восточным покрывалом.
Как декорация –
все бесконечно близко:
Крым, Иордания, горизонтальный месяц.
Я вышел из кафе, из-под навеса,
но бабушки лицо в толпе пропало.

ХАМСИН

Трехтысячелетний луч света, дошедший от солнца,
тронет дно – и светлеет сознанье.
Жизнь становится встречей
не с Эребом, а с Эрец,
не только длящимся расставаньем.

«Становится тише,
когда узнаёшь о солнечных нитях
над черно-серой пустыней
и мысли садятся на кроны деревьев
и поют на световой ноте.
Есть еще песни, не спетые там,
где совсем безлюдье».

Что видит Всевышний,
как пилот «Эл-Ал» сверху:
под молочной пенкой Одессу, Газу,
многохолмистый город в полудне анабиоза.
Все заняты ритуалами,
то есть попыткой забвенья.

Высится кремовый Маале
Адумим и напротив военной базы
бедуин высушен
у шоссе и не ведает о терпеньи.

Кто первый бросил краеугольный камень?
Кто первый вышел на музейную площадь?
Все смешалось, ни шагу назад,
безымянна пустыня за нами.
Здесь каждое дерево – знамя
в ничьей оливковой роще.

В одиночестве на чужом побережье с прошлым.
Или в плывущей пустыне
на остановке Эн-Хазева,
где нет понятий «поздно» или «рано».
Мир обращается тысячи лет вокруг Негева,
и солнце спит где-то в пещере Кумрана.

Вода родилась в роднике, в Эйн-Геди,
на дальнем краю
опавшего осеннего райского сада.
Глиняная старуха в автобусе рядом не ведает,
что она потомок той,
что спаслась в Массаде.

Нет ничего слоистей, глубже, горше.
Никому не нужная соль
без насущного хлеба.
Но здесь глаз расширяется
до размеров неба или моря,
и беспредельно просит
все больше и больше.

Господи, как расплести языком беседы
анонимные нити этого бесконечного света.
Набираешь какой-то номер, узнанный у соседа,
и бесполый голос вторит в ущелье эхом:
«Ждите ответа».

Господи, прости их, они все о едином.
Еще раз – это не выразимо словами.
Одно и то же по-эвенкски и на ладино
имеет в виду ностальгию,
но означает лед и, в то же время, пламя.

На черном пламени сияющими глаголами и слогами –
черный бархат Вселенной числами выткан.
Овечий пророк, длиннобород и полигамен,
словно позирует на иерусалимской открытке
в последнем киоске в зоне.

Чай остывает, наливается мятой.
Чужая жизнь на нёбе горчит приятно.
Душная ночь на подушке мятой
тем прекраснее, чем она более безвозвратна.

Я знаю, что ни на каком языке я снов не вижу.
Я не вижу снов на языке, но я верю,
мне голос какой-то иногда слышен:
чудные строки, – но если проснуться –
это состав уходит на дальний канадский север.

Хамсин – это пятьдесят вдохов и выдохов
пустыни, спящей под мутным терракотовым небом.
Время исхода, когда все безвыходно,
то есть маца кончилась, но осталось
полно хлеба.

Слова были вначале или Слово?
Олово речи в тигле синего времени.
Попробуй переведи на язык оригинала
«Нашедший подкову»
из бутылки на странице без имени.

Азбуки языков рассыпаются, как арабская мозаика,
чтобы, не дай Б-г, не создать образ
подобием образа.
Писание летописи слева направо –
это удел прозаика.
Наше правое дело – на волоске от истины
поиски голоса.

Я знаю, что поздно уже, да и зачем
выбирать для души сосуд в разливочной:
стакан, стопку или пивную кружку.
Дыши свободнее, пока гортанно не позовут
на этот последний ужин.

Нету более священной миссии
навеки и поныне. Снова:
каждый сам за себя в ответе.
Священным хамсином свищет
ничья истина
в простреленном и запеленгованном
квадрате пустыни.

Судить о себе, пожалуй, не рано,
но все же не ясно, имеет ли смысл.
Потому что душа обрела язык
и заговорила вслух, не имея слуха,
говоря к имяреку.
Это такая чудная, пульсирующая сила,
что для убеждения более не нужны руки.

Говорю: душа со слуха
выучила разговорный язык
и теперь в кафе на салфетке
рассеянно чертит знак «алеф».
А дальше не важно, как подвыпивший диббук,
пусть снова поджидает кого-то
в больничных дворах и на вокзалах.

Где все наполнено копотью, костной мукой,
дымом и тенями транзитных судеб.
И, когда проезд оплачен,
состав тронется, и все поплывет мимо,
я по тебе скучать – да и вообще буду
хранить в себе вечно каменную пыль Иерусалима.

Иерусалим, 1998

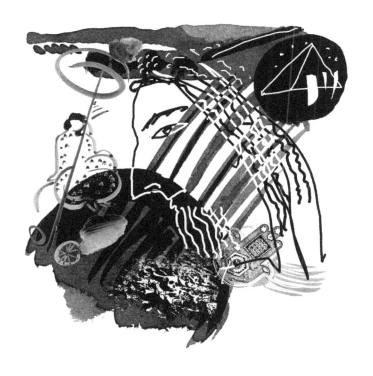

Борис Херсонский

ПОЭЗИЯ БИБЛИИ

Верующий человек – христианин ли, иудей ли – будет искать в библейских текстах прежде всего молитву, поучение, диалог человека и Бога. Агностик скажет, что перед ним – образцы древнееврейской поэзии со следами египетских и ханаанских влияний. Человеку, далекому от религии и культурологических проблем, поэтические тексты Библии могут показаться глубоко чуждыми, архаичными, подчас жесткими, если не жестокими. Что ж, такими и были библейские времена. Но никто не сможет отрицать высоких художественных достоинств древнееврейской духовной поэзии. Многочисленные в библейских текстологических исследованиях начала двадцатого века поиски «нееврейских» источников поэтических библейских текстов привели к парадоксальному результату: уникальность их стала еще более очевидна. В поисках заимствований был свой «резон»: для гиперкритиков, а позднее и для атеистически настроенных текстологов, было более чем желательно низвести библейские тексты до уровня «просто литературы» – явления, характерного для своего времени и понятного только в историческом контексте. В частности, с еврейскими псалмами сопоставлялись древнеегипетские, вавилонские и угаритские (ханаанские) религиозные тексты, которые лишь весьма отдаленно могли напомнить о библейской поэзии. Возьмем хотя бы несколько подобных примеров. Вот древнеегипетская «Песня урожая»:

Молотите для себя,   *молотите для себя, о волы,*
молотите для себя,   *молотите для себя,*
солома для корма,   *зерно для хозяина,*
не утомляйтесь,   *воздух прохладен.*

Здесь усматривается сходство с формальными характеристиками еврейской поэтики. Но, фактически, вместо параллелизма в данном тексте присутствует многократное повторение одного и того же текста.

И уж совсем неуместным выглядит сопоставление текстов псалмов с вавилонским эпосом о битве Мардука и Тиамат. Героиня эпоса была уловлена в сеть, затем Мардук заставил ветер войти в ее раскрытый рот так, что Тиамат не могла закрыть его. Ветер наполнил ее желудок, ее сердце было подавлено, а рот – широко раскрыт; он воткнул свою пику, разверз ее чрево, расчленил ее изнутри, пронзил ее сердце; победив ее, он уничтожил ее жизнь, отбросил ее труп и стал на него ногой... Далее бог-победитель приступил к расчленению тела поверженной богини и сотворению мира из частей ее тела... Разумеется, данный текст имеет аналоги, но они, скорее, относятся к индуистской традиции и олицетворяют собою одно из архетипических представлений (творение как расчленение единого).

Другие примеры более впечатляющи, особенно тексты хвалений в честь богов Египта, а также гимны «воцарения»:

Придите, воскликните, о боги страны,
Придите, возрадуйтесь, люди и народы!
Придите, воспойте в радости сердца,
Гор восходит на свой престол!
Он освежит опустошенных,
он возвеселит сердца отверженных,
он спасет всех людей.

И тем не менее даже здесь можно говорить скорее о сходстве темы, чем о прямых текстологических заимствованиях. Ситуация воцарения и поклонения достаточно стандартна и описывается сходными словами. Невозможно совершенно отрицать тот факт, что некоторые отрывки из Книги Хвалений могут быть лучше поняты в контексте культурных традиций Ханаана. Библия прямо говорит нам о том, что один из руководителей певческих коллегий во время царя Давида – Идифун (Этан, Педитун) – был «эзрахи» (хананеянин). Новые данные о соотношении поэзии Ханаана и Израиля были получены после находок в современной Сирии (Рас-Шамра). Особенно яркими являются параллели между обнаруженными текстами и псалмами 28, 67, 73 и 81, благодаря которым Х.Л. Гинзберг доказывал наличие общих структурных элементов в ханаанской и еврейской поэзии.

Приведем пример:

Воззри на врагов твоих, о Ваал,
воззри на врагов, и ты сокрушишь их,
воззри, ты поразишь твоих врагов,
покоришь твое вечное царство,
твое владычество продлится вечно!

Аналог этим строкам можно прочесть в псалме 91:

Ибо вот, враги Твои, Господи, вот, враги Твои гибнут,
рассыпаются беззаконники!

Для нас подобное сопоставление выявляет, что при несомненном сходстве элементов – кирпичиков, из которых построены образцы религиозной поэзии Ханаана и Израиля, еще более поражает различие того, что построено из этих элементов. Высоким, величественным зданием возвышается библейская поэзия над громоздкими, перегруженными и в то же время упрощенными постройками восточного язычества.

Говоря об особенностях поэтики библейских текстов, прежде всего следует указать на ритм. В древнееврейской литературе ритмизация была «признаком того, что автор ставит перед собою художественные задачи» (И. Дьяконов). Часть книг Библии написана ритмизованной прозой. Тем более важен ритм в чисто поэтических книгах.

В ранние века христианства как иудейские авторы (Филон и Иосиф), так и христианские (Ориген и Иероним) отмечали, что в Священном Писании присутствует ритм, как и в греческой поэзии. Однако позднее утвердилось мнение о том, что принципиальной разницы между прозой и поэзией в Библии нет. Каковы причины подобного заблуждения? У. Дэвис считает, что таких причин две. С учетом того, что Библия есть Откровение Божие, исследователей всегда более привлекало содержание, а не форма текста. Вторая причина – невыявленность поэтических свойств библейской поэзии. Как бы то ни было, наиболее популярные переводы Библии в ранней Церкви нивелировали различие между прозой и поэзией. Лишь в последнее столетие большинство изданий Библии выделяют поэтический текст с помощью разбивки на строки. Это, впрочем, не относится к русской Библии. Лишь брюссельское издание Библии – исключение, в остальных изданиях разделение поэтических текстов на строки не проведено. Тем более что переводчики не ставили перед собой задачи выявления и сохранения оригинального ритма поэтических текстов Библии. Но, несмотря на это, поэзия все же оставалась поэзией!

Ритм в библейской поэзии логически обоснован, он заложен в структуре высказывания. Сохраняя логические структуры древнееврейского текста, переводчики сохранили его поэтику в значительной степени. Быть может, поэтому традиция псалмопения не прерывалась в христианском мире нигде и никогда. Интересно, что церковно-славянский текст в большей степени, чем текст Синодального перевода, сохраняет ритмическую основу. Но даже в прозаическом Синодальном переводе библейский ритм иногда проявляется в полной мере:

Закон Господа совершен, *укрепляет душу;*
откровение Господа верно, *умудряет простых.*
Повеления Господа праведны, *веселят сердце...*
(Пс. 18.8–9).

Именно таким и был ритм в древнееврейской поэзии: считались только ударения в значимых словах, при этом каждая строка естественно распадалась на две части – два и два слова, три и два слова, как в приведенном примере.

Одной из особенностей древнееврейского языка является то, что ударения чаще всего падают на последний слог. Поэтому, с точки зрения современной метрологии, библейский ритм может показаться несколько странной комбинацией анапеста и ямба. Это было отмечено еще Францем Деличем в конце девятнадцатого века, а также и в более поздних исследованиях – в частности, С. Мовинкелом.

При всей важности ритма для древнееврейской поэзии его не следует возводить в абсолют. Некоторые комментаторы считают, что если какая-то строка выбивается из ритма, то это свидетельствует о порче текста при переписке, либо строка представляет собою прозаический комментарий к поэтическому тексту. Это, конечно, преувеличение. Ритм в библейских поэтических текстах достаточно свободный. Не случайно перевод Псалтири, выполненный Гердером, сыграл огромную роль в формировании европейского свободного стиха. Однако не только смысловой ритм определяет поэтику Библии. Среди иных особенностей – прежде всего различные виды параллелизма: синонимический, антитетический, синтетический. Термин «параллелизм» был введен в конце восемнадцатого века английским епископом Робертом Лаутом и ныне является общеупотребительным.

Синонимический параллелизм предполагает смысловую созвучность первой и второй части стиха, строки лишь несколько варьируются, благодаря чему усиливается эмоциональное воздействие текста. Иногда вторая часть стиха конкретизирует первую, разъясняет либо развивает ее:

Глас Господень над водами,
Бог Славы гремит,
Господь над водами многими!
Глас Господень исполнен силы,
исполнен величия Глас Господень!
(Пс. 28.3–4)

Антитетический параллелизм – противоположность первой и второй частей стиха (Пс. 1.6):

Наблюдает Господь путь праведных,   но путь безбожных –
погибнет!

Синтетический параллелизм – поэтический прием, при котором вторая часть стиха продолжает мысль первой, усиливая ее (Пс. 2.6):

Я ставлю царя над Сионом,   над святою горою Моею.

Выделяют полный и неполный типы параллелизма. При полном параллелизме каждому элементу первой части стиха соответствует элемент во второй. Логическая схема полного параллелизма выражается следующей формулой:

abca'b'c'

Несколько иных видов параллелизма было описано в начале двадцатого века (C. A. Briggs, "A Critical and Exegetical Commentary on the Book of Psalms", 1907).
Эмблематический параллелизм включает в себя элемент сопоставления, метафоры (Пс.102.13):

Как отец милует детей,   так Господь милует набожных.

Ступенчатый параллелизм – повторение части первой половины стиха с добавлением нового элемента (Пс. 28.5):

Глас Господень крушит кедры,   расщепляет кедры
Ливанские.

Интровертированный параллелизм прослеживается на уровне строфы, где первая и последняя строки параллельны, а промежуточные соответствуют одна другой.

Беззаконники, прочь от меня!
Ибо плач мой услышал Господь,
слышит Господь голос мой,

примет Господь молитву мою.
Да постыдятся мои враги...

(Пс. 6.9–11)

Различные типы неполного параллелизма описаны в классической монографии У. О. Э. Эстерли, однако они представляют исключительно специальный интерес. По мнению этого автора, с учетом ритмической и смысловой организации текстов псалмов, их не следует записывать ни виде прозаического текста, ни в виде строк, в той или иной мере передающих ритм, как делаем мы в настоящем переложении. Эстерли располагает тексты так, чтобы параллельные смысловые структуры выявлялись наиболее четко. В этом он следует традиции некоторых древних манускриптов. Такой стиль чрезвычайно интересен, хотя и не облегчает прочтение псалмов. Поэтому мы приводим всего лишь один текст (фрагмент псалма 2), записанный в соответствии с концепцией Эстерли.

Зачем бунтуют народы, *племена замышляют пустое?*
Цари земные восстали, *князья заключили союз,*
Совещаются против Господа, *против Христа Его:*
«Расторгнем узы их, *сбросим оковы их!»*
Небесный смеется над ними, *они – посмешище Господу.*
Он возгласит во гневе, *ярость Его приведет народы*
в смятение.

Совершенно ясно, что ритм и параллелизм взаимосвязаны, поскольку аналогичная смысловая структура частей стиха предопределяет и аналогичную ритмическую организацию.

Кроме того, определенной спецификой отличается и словарь поэтических книг. Многие слова и идиоматические выражения, встречаемые в поэтических, практически не употребляются в прозаических книгах Библии. При выборе синонимов в поэтических книгах чаще употребляются сильные эпитеты. Характерен также и синтаксис.

Некоторые псалмы представляют из себя «акростихи»: каждый следующий стих начинается со следующей буквы древнееврейского алфавита. Подобные «азбуки» стали традиционными в поэзии, но в нынешние времена это скорее иронические детские стихи (например, «Бессмысленная азбука» Эдварда Лира или «Азбука» Самуила Маршака), чем нравственные поучения, которые в основном и составляют содержание псалмов-акростихов (например, 118-й псалом).

В некоторых поэтических текстах имеются рефрены-припевы. И здесь варианты многообразны: иногда рефрен абсолютно идентичен и даже переходит из псалма в псалом. Например:

Что ж ты скорбишь, душа,
зачем смущаешь меня?
Доверься Богу, как я ему доверяю; Он –
помощь, поддержка мне, Он – мой Бог.
                    (Пс. 41.6,12 и 42.5)

Иногда рефрен изменяется – в частности, к нему всякий раз добавляется строка. Наконец, в псалмах можно найти и два различных рефрена. Как рефрены могут восприниматься и славословия-благословения, завершающие каждую из пяти книг псалмов (за исключением последней, т.к. заключительный псалом-славословие не повторяет формулу первых четырех славословий). Среди иных поэтических приемов – фонетическая игра слов, которая подчас носит «изобразительный» характер: звучание слов напоминает то, что они означают. Еще одна особенность – «выходящий ритм». Каждый последующий стих берет слово из предыдущего и связывает его с другим, создавая «непрерывную цепочку». Интересно, что подобный технический прием можно обнаружить и в русском народном песенном творчестве.

Обычно при изучении поэтических текстов Библии меньшее внимание обращается на символичность и метафоричность. Между тем, символика поэтических текстов Библии заслуживает особого исследования. Казалось бы, что может отстоять дальше, чем даосские тексты и Псалтирь? Но символ пути – один из центральных в Книге Хвалений, начиная с первого псалма, о пути праведных и пути нечестивых. Речь идет или о жизненном пути, или о нравственном пути, но и о пути Господнем, на котором Он утверждает стопы праведника. Впрочем, стопы – также символ, как сердце, почки, мышцы. Если нога «поскользнулась» или «поколебалась» – это символ отхода человека от Господних заповедей либо провал его земных целей. Наиболее «темным» и в то же время глубоким является упоминание о «дороге» (пути) в одном из самых известных мессианских псалмов – 109:

Из потока на пути будет пить,   и потому вознесет главу.

Рационалистические комментарии подчас предельно снижают символическое значение этих строк, например, указывая на возможную порчу текста в данном месте либо на традицию, согласно которой царь пьет из освященного источника во дворе Храма, и даже в корне меняя сам смысл стиха, придавая ему особую жесткость, как, например, трактует эти строки Эстерли:

Он напоит ручьи их кровью,   а потому вознесет твою главу.

При символическом прочтении финала 109-го псалма отпадает всякая необходимость в рациональном объяснении текста: как символ источника, так и символ пути ясно говорят о том, что имеет в виду псалмопевец... Если подробнее остановиться на значении пространственных символов, то следует хотя бы кратко упомянуть о словах «стеснение» и «простор». Теснота символизирует тревогу, подавленность, депрессию, а простор – освобождение. Вполне реальные ситуации избавления из заточения (*«Выведи из темницы душу мою...»* – Пс. 141.7) или прорыва вражеского оцепления послужили основой для этих метафор.

В качестве символов выступают *камень* (скала), олицетворяющий твердость, надежность и защиту, и болото, трясина, топь, символизирующие опасность, ненадежность, зыбкость. Моления о том, чтобы Господь вывел псалмопевца из стеснения на простор, извлек его из трясины и утвердил на камне, имеют один и тот же смысл. Особое значение имеет символ воды. Не забудем о том, что вода в Библии (как, впрочем, и в древнегреческой философии – например, у Фалеса) – не просто вода, а некое первовещество, в известной степени – олицетворение Хаоса («*Земля же была безвидна и пуста, и тьма над бездною; и Дух Божий носился над водою*» – Быт. 1.2). Всемирный потоп – несостоявшееся возвращение мира в хаотическое состояние. И те воды, которые объяли псалмопевца или пророка Иону до самой души его, – это, прежде всего, чувство отчаяния, предчувствие неминуемой гибели. Но эта же метафора в устах пророка Ионы, выброшенного в море и проглоченного китом, имеет предельно конкретный смысл! Однако вернемся к символике тела. Значению символа сердца в Библии посвящены специальные исследования. Священник Павел Флоренский пишет, что сердце обозначает «искреннейшую часть человека, его собственную самость, место "страстей" вообще и любви особенно... Мистика церковная есть мистика груди. Но центром груди издревле считалось сердце, по крайней мере – орган, называвшийся этим именем».

П.Д. Юркевич пишет, что Библия видит в сердце центр всей психики человека. Эта же мысль еще более ярко выражена Б. Вышеславцевым: «Сердце на религиозном языке есть нечто очень точное, можно сказать математически точное, как центр круга, из которого могут исходить бесконечно различные радиусы, или световой центр, из которого могут бесконечно исходить разнообразные лучи. Библия приписывает сердцу все функции сознания: мышление, решение воли, ощущение, проявление любви, проявление совести; больше того, сердце является центром жизни вообще – физической, духовной и душевной».

Такое же значение имеет сердце и в современной культуре, поэтому смысл строк, в которых упоминается сердце, абсолютно ясен современному читателю. Можно сказать, что символика сердца имеет глубокие бессознательно-архетипические корни в психике человека. Психолог Р. Мейли, ссылаясь на работы Клапареда, называет чувство «Я» точечным и отмечает, что много испытуемых локализуют это чувство в области сердца.

Иное дело – почки, символ нравственного в человеке (впрочем, анатомическая функция почек – очищение организма – вполне соответствует значению этого символа). И, тем не менее, трудно представить себе благочестивого читателя, читающего строки *«Благословен Ты, Господь, мой советник! Даже в ночи почки мои поучают меня»* без улыбки. Это понимали и авторы Синодального перевода, употребившие вместо слова *«почки»* слово *«внутренность»*. Точно так же и рог, символ силы и мощи у древних иудеев, приобрел в русском языке иное значение; строки *«...потому избодаем рогами врагов наших»* явно могут быть восприняты иронически. Нельзя не отметить, что части тела человека живут как бы отдельной от него жизнью, они не интегрированы в одно «Я». Господь наставляет на Свой путь не самого псалмопевца, но его ноги. Он не дает поскользнуться стопе праведного. *«Все кости мои да скажут: Господи! кто подобен Тебе?»* – восклицает псалмопевец. *«Расплавь* (т.е. испытай) *внутренности мои и сердце мое!»* – молит он Господа. Стоит ли удивляться тому, что псалмопевец ведет диалог со своей душою: *«Благослови, душа моя, Господа...»* или *«Что ж ты скорбишь, душа, зачем смущаешь меня?»* Этот способ выражения присутствует и в иных библейских текстах как Ветхого, так и Нового Заветов. Так, Иов говорит, что он условился со своими глазами, чтобы не помышлять ему о девице. И в течение трех тысячелетий этот художественный прием – диалог поэта со своим сердцем, со своею душой, со своими глазами – закономерно встречается в мировой поэзии.

Иным интересным типом метафоры, который встречается в Псалтири, является уподобление эмоциональных состояний и свойств человека (а иногда и Бога) одеянию или умащению. Господь облекается в силу и подпоясывается. Враги Господа облекаются в стыд или в проклятие. Праведника Бог облекает в радость. Особенно велико символическое значение пояса (возможно, потому, что на поясе носили меч). Другим аспектом символа одежды является непостоянство. Одежда ветшает, ее меняют. В этом смысле вся Вселенная – не более чем временная, тленная одежда Всевышнего.

Несколько слов следует сказать и об образах животных в поэтических текстах Библии. Чаще всего животные, птицы и рыбы – собственность и творение Божие, переданное Им под власть человека. Авторы поэтических текстов Библии откровенно любуются красотой животного мира, его многообразием. И в иллюстрациях к средневековым рукописям Псалтири миниатюры, изображающие животных и птиц, – подлинные шедевры! Иногда поэтическое вдохновение псалмопевца нивелирует разницу между человеком и животным. Птенцы ворона и львята молят Бога о пропитании, и Господь насыщает их. Все, что дышит, да хвалит Господа! Да восславят Его небеса и земля, море и все, что движется в нем! Этот согласный хор хваления, в котором человек, животные, птицы и рыбы морские славят Творца, – один из ярчайших образов Псалтири.

Но нас особенно интересует символическое, метафорическое значение животных. Прежде всего, животные символически связаны с человеком. Человеческая душа уподобляется птице, которая должна лететь на свою гору. Она стремится к Богу, как олень стремится к роднику. Юность человека обновляется, как молодой орел. Застигнутый врагами псалмопевец просит для себя крылья, как у голубя, чтобы удалиться от вихря, от сильной бури. Таких примеров – десятки! Овцы – чаще всего символ народа. *«Господь вел Иосифа* (т.е. народ Израиля), *как отару. Мы – Твоего пастбища овцы».* Каждый человек в отдельности также может быть метафорически уподоблен ягненку. *«Я заблудился, как отбившийся ягненок. Господь – мой пастырь, я ни в чем не буду нуждаться!»* Но и скопище нечестивцев может быть уподоблено стаду овец. Их, как овец, запрут в Шеоле, смерть будет приставлена к ним пастухом! Интересно, что иллюстратор «Киевской Псалтири» изображает эту метафору иначе, чем текст псалма. Грешники на миниатюре – не овцы, но свиньи, пасущиеся у дерева.

Уподобление, выражаемое словом «как», далеко не всегда присутствует в тексте. Некоторые метафоры прямо отождествляют человека и животное. Так, чаще всего, когда грешник уподобляется хищнику, сравнение выражено ясно: «...да не исторгнет он душу мою, как лев...», «...на голодного льва похожи они, молодого льва затаившегося...», «...они возвращаются вечером, словно псы завывают». Но вот «затемненная» строка: «...обнищали львята, изголодались, взыскующие же Господа не знают лишений». В славянском переводе – «...богатии обнищаша и взалкала». Здесь, очевидно, происходит отождествление потомков знатных, богатых людей с детенышами льва. Схожий пример: «Разбей челюсти львов, Господи!» Аналогичный образ – тельцы и псы, которые окружили псалмопевца. Это, несомненно, не животные, но люди. Именно так и относится к этому символу художник, иллюстрировавший «Киевскую Псалтирь». Он рисует Христа в окружении воинов с головами тельцов и псов. Как и во многих древних текстах, мы встречаемся здесь и с антропоморфизацией животных (львята молятся Богу о пропитании), и с зооморфизацией людей.

В качестве символов используются и растения. В Псалтири содержится сравнение безбожника с сорняком, а праведника – с культурным, насажденным и взращиваемым растением (чаще всего – виноградником, также оливковым деревом или пальмой, реже – пшеницей). Виноградной лозе уподобляется и народ Божий. Псалмопевец призывает Господа посетить виноградник, насажденный Его десницей, и отростки, которые Он укрепил для себя. Отростки и ответвления – потомки, дети. («Сыновья подобны ветвям оливкового дерева вокруг трапезы праведного»). Рост племени Израиля уподобляется разрастанию виноградной лозы, которую Господь принес из Египта и насадил в Ханаане. Господь не только насадил Свой виноградник, но и оградил его. И в беде, постигшей Израиль, псалмопевец упрекает Господа в том, что он «*проломил ограду*», позволил каждому прохожему «*расхищать плоды*», принесенные виноградником. Иногда можно встретить и иные растения-символы. «*Да умножаются люди в городах, как луговая трава!*» – восклицает псалмопевец. А грешники – как трава, вырастающая на кровле, которая засыхает прежде, чем будет скошена жнецом.

Уподобления праведника дереву имеются и в египетской поэзии. Подобный пример из «Учения Амен-ем-опе» приводит У. О. Э. Эстерли:

Но истинно молчаливый	*всегда стоит отстраненный,*
уподобляется дереву,	*растущему на делянке,*
оно растет, зеленея,	*плоды его умножаются,*
оно стоит на виду у хозяина,	
его плоды сладостны,	*его тень – приятна.*

Образ дерева представляет собою один из древнейших, «архетипических», по Юнгу, символов человеческой культуры. В наиболее универсальном виде символ растущего дерева, объединяющий пространство и время, – это «Мировое древо», «Древо жизни», «Древо познания». Отождествление дерева и человека либо сравнение дерева с человеком десятки тысяч раз повторяется в мировой поэзии. В нем содержатся не только идея роста и развития, идея бессмертия рода (родословное древо), но и идея прочности земного существования (укорененности), а также идея «плода». И уже в первом псалме символ дерева предстает во всей полноте. Праведник – «*как дерево, насажденное у источника водного, плодоносящее вовремя, не увянет листва его*».

Отметим, что, как и в случае с символами-животными, символы-растения разнятся по степени отождествления. Иногда сравнение косвенное, растение прямо не упоминается. Но признаки или действия, заложенные в высказывании, привносят образ растения в текст. Псалмопевец угрожает безбожнику, обладателю «*коварного языка*», что Господь «*вырвет корни твои из земли живых*». Или жалуется, что его «*влага иссохла, словно в засуху*». Иногда в высказывании содержится уподобление, выражаемое словами «как», «словно», «подобно». *«Видел я нечестивца, грозного, раздувающегося, подобно укорененному кедру ливанскому».* И, наконец, прямое отождествление дерева и человека: *«А я во дворах Господних – зеленеющая маслина».* Сопоставление человека и дерева имеется и в других книгах Библии – как Ветхого, так и Нового Заветов. Грозное предостережение Иоанна Предтечи: *«Уже и секира при корне дерев лежит: всякое дерево, не приносящее доброго плода, срубают и бросают в огонь...»* (Мф. 3.10) – имеет в своей основе ту же метафору.

Общий анализ символического ряда, который присутствует в Книге Хвалений, заставляет нас обратиться к литературоведческой концепции о «психологическом параллелизме». Здесь речь идет не о формальном приеме, но о содержательной связи между картинами жизни природы и человеческой жизнью.

Психологический параллелизм присущ древней поэзии многих народов и до нынешнего времени прослеживается в фольклоре. Речь здесь идет не об отождествлении человека и природы и не о сравнении, которое предполагает осознание разницы между сопоставляемыми объектами. Согласно А.Н. Веселовскому, основной принцип психологического параллелизма – сопоставление на основании действия, движения как признака волевой жизнедеятельности. Первичное сопоставление влекло за собою ряд «перенесений», или «вторичных уподоблений». То есть признак, присущий одному члену параллели, переносится на другой. Применительно к обсуждаемой метафоре «человек-дерево», таким «перенесением» является употребление слов «корни», «ветви», «плод» по отношению к человеку. Уподобление нечестивца льву порождает описание движений злодея, который готовится «захватить» бедняка, тождественных движениям охотящегося хищника: «крадется, прилегает, прыгает».

Представляется, что психологический параллелизм является первичным феноменом, который предопределяет формальный параллелизм (parallelismus niembrorum). Идея уподобления по принципу движения предполагает смысловую структуру типа: «А» действует

92

так-то, «Б» действует так-то, – и это соответствует классической форме параллелизма! Быть может, лучший пример – украинская народная песня, предпосланная А.Н. Веселовским в качестве эпиграфа к его исследованию:

Слала заря к месяцу.   *Слала Марья к Иванку,*
ой, месяц, товарищ   *ой, Иванко, суженый,*
не заходи раньше меня,   *не садись раньше меня*
взойдем оба вместе,   *сядем оба вместе,*
осветим небо и землю,   *развеселим отца и мать.*

Обыкновенно поэтические свойства библейских текстов рассматриваются в отрыве от богословских проблем. Такой подход представляется глубоко неверным. Даже при самом либеральном отношении к концепции богодухновенности Священного Писания мы не можем не думать о том, что Господь, вдохновивший псалмопевца на создание поэтического текста, НЕ СЛУЧАЙНО возвещал Свою истину посредством поэзии. Книга Хроник также возвещает истину Господню, но возвещает ее принципиально иначе. Постижение воли Божией через историю – удел немногих: это требует огромных знаний, аналитичности и отстраненности ума. Постижение Господа через поэзию – прямая дорога к сердцу человека. Те же самые истины усваиваются без интеллектуальной переработки.

Многие богословские идеи реализуются не в содержании, но в структуре поэтического текста. Тот же ритм текста – отражение ритма жизни, присущего всем творениям Божиим. Жизнь Вселенной – это чередование периодов разной продолжительности: от микроритмов до макроритмов движения звезд и планет. Ритм биения человеческого сердца, в том числе ритм биения сердца матери, сначала носящей плод ПОД СЕРДЦЕМ, а затем – ребенка У САМОГО СЕРДЦА, отзывается в ритме библейской поэзии.

Сам по себе параллелизм, как поэтический прием, выражает идею гармонии, идею последовательности и постоянства (синонимический); идею суда, справедливости и свободы воли (антитетический), идею развития, усложнения и даже Откровения (синтетический); мы имеем в виду ПРОЯСНЕНИЕ СМЫСЛА стиха при повторении его с модификацией. Кроме того, параллелизм выражает собою идею повторяемости, возвращения. Еще более четко говорят об идее возвращения рефрены. В тех случаях, когда рефрены модифицируются, мы вправе говорить о том, что текст выражает идею повторяемости частично: духовный опыт дает нам новые силы и новые возможности в идентичной жизненной ситуации. Рефрены появляются с первых строк Библии, сопровождая описание Творения Богом мира: *«И сказал Бог...»*, *«И стало так...»*, *«И увидел Бог, что это хорошо...»*, *«И был вечер, и было утро»*.

Даже такой малоценный в художественном отношении прием, как алфавитный акростих, сам по себе выражает идею УЧЕНИЯ, возвращает нас в детство, когда мы учили азбуку, напоминает нам о том, что мы – еще несмышленые младенцы, которых, по Апостолу, еще рано кормить твердой духовной пищей.

Некоторая «разноплановость» библейских поэтических текстов, на которую мы уже обращали внимание, на самом деле может иметь более глубокий смысл, чем обычная смена настроения. Примером может служить цитированный выше псалом 18. По мнению А. Вайзера, текст механически объединяет два разных псалма (стихи 1–7 и 8–15), один из которых прославляет красоту и величие Творения, а второй – мудрость Закона Господня. Но именно эти два текста вместе отражают полноту Божественного Откровения – естественного, познаваемого через природу, и специфического, которое для иудея воплощено в Торе, а для христианина – во всем Священном Писании.

Достаточно просто сказать, что использование символов, отождествляющих народ Божий либо с домашними животными, либо с культурными растениями, происходит из повседневного труда народа Израиля – овцеводства, выращивания пшеницы и винограда. Но в этом уподоблении заложено как минимум две богословские идеи. Первая из них – человек создан по подобию Божию, и его

занятия подобны делам Божиим. Вторая идея – непре-
рывное попечение Господа о Своем наследии. Господь ве-
дет Себя с народом Своим, как рачительный хозяин ви-
ноградника, и уничтожение сорняков – неотъемлемая
часть Божиего попечения о Своих людях.

Как бы то ни было, в Библии мы находим источник
поэтического вдохновения сегодня, как наши предше-
ственники много веков назад. И многие метафоры и поэ-
тические приемы, которые мы используем – быть может,
неосознанно, – повторяют библейские поэтические осо-
бенности, показывая, что библейские сюжеты и библей-
ская поэзия – вечны.

ОБ АВТОРАХ

Борис Херсонский родился в 1950 году в Черновцах в семье врачей. Окончил Одесский мединститут (ныне университет). Клинический психолог и психотерапевт. Преподает в Киевском институте современной психологии и психотерапии, профессор. Автор двадцати книг стихов и переводов. Лауреат нескольких международных премий, в том числе премии им. И. Бродского и премии Literaris (Австрия). Стихи переведены на несколько европейских языков. Книги издавались на немецком, нидерландском и итальянском языках. Живет в Одессе.

Андрей Грицман – поэт, эссеист. Родился в 1947 году в Москве в семье врачей. Окончил 1-й Московский медицинский институт им. И.М. Сеченова. С 1981 года живет в США, работает врачом. Пишет на русском и английском. Окончил программу литературного факультета Университета Вермонта, степень магистра по американской поэзии. Автор более ста публикаций в литературных изданиях России и других стран на русском языке. Стихи и эссеистика на английском выходили в американской, британской, ирландской периодике. Автор пятнадцати книг поэзии, эссеистики и прозы на двух языках. Издатель и главный редактор международного журнала «Интерпоэзия» (Нью-Йорк). Член Российского и Американского ПЕН-клубов. Основатель международного клуба поэзии в Нью-Йорке.

Сергей Голощапов родился в 1955 году в Москве в семье инженеров. Окончил Московский полиграфический институт по специальности «книжная графика, живопись». Участник выставок и конкурсов в России и за ее пределами.

Содержание

Андрей Грицман

Серия «Библиотека журнала "Интерпоэзия"»

Грицман Андрей Юрьевич
Херсонский Борис Григорьевич

СВИТКИ
Библейские стихи

Редактор серии *Андрей Грицман*
Ответственный редактор *Вадим Муратханов*
Дизайн и верстка *Янина Гоцульская*

Подписано в печать 10.12.2016

Interpoezia, Inc.
210 Riverside Drive, Suite 6D
New York, NY 10025 USA
e-mail: *editor_interpoezia@hotmail.com*

CPSIA information can be obtained
at www.ICGtesting.com
Printed in the USA
LVHW111057290123
738055LV00023BA/38